きもちがつたわる

てがみ教室

ゆずこ
Yuzuko

RIKUYOSHA

はじめに

絵やことばを使って
つたえたい人に思いをとどける、それが手紙です。

その手紙が手書きや手づくりのカードだったら
さらにステキなものになるでしょう。

この本には手紙をかく・作るときの
ちょっとしたアイデアが
たくさんつまっています。

とくべつな日も、ふつうの日も
あなたらしい絵とことばで
気持ちをつたえてみませんか。

※この本では、より親しみやすく
また「メッセージカード」の意味をこめて
手紙やはがきのことを「カード」と表現しています。

もくじ

この本で使うもの

はじめに用意したいもの

かくもの

ペンや色えんぴつ、厚紙

この本では、はがきサイズの厚紙を使ってカードを作っています。

切るもの

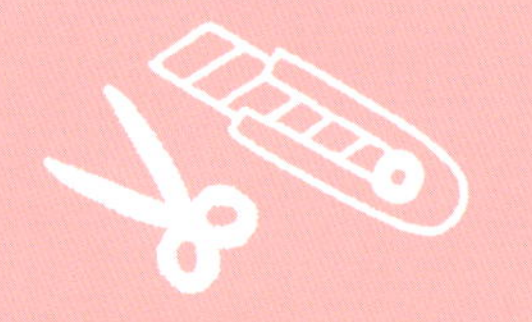

はさみやカッター

カードのそばにある★印はかた紙の番号です。33～48ページにある同じ番号のかた紙を切りぬいてね。

切手

ポストに入れておくるときに必要です。

あるともっと楽しいもの

- シール、マスキングテープ
- おりがみ、ほうそう紙
- リボン、ひも、ビーズ
- 布、フェルト
- のり
- 封筒

大人の方へのお願い

切るときの注意

小さい子がはさみやカッターを使うときは注意してください。
あぶないところは手伝っていただくか、
代わりに切ってください。

郵送するときの注意

大きさ、形、重さによって切手の料金が変わります。
郵送するときには確認してご用意ください。

1章(しょう)

おめでとうをつたえる手紙(てがみ)

年賀状のかき方をおぼえよう

❶ あけましておめでとうございます

❷ ことしもよろしくね！

❸ ○○○○年一月一日

❹

年賀状はお正月にとどける、新しい年をいわうあいさつと今年もよろしくねという気持ちをつたえる手紙です。

❶ 賀詞

新年をいわうことば。
英語で「HAPPY NEW YEAR」とかいてもいいよ。

❷ ひとことメッセージ

新年のあいさつやかんしゃをつたえたり自分の目標をかいてみよう。

❸ 年号と日付

「平成○○年 元旦」や西暦で「○○○○年 1月 1日」とかきます。

❹ 絵

お正月にちなんだ絵や新しい年の「干支」の絵をかきます（9ページも見てね）。

12月25日までに年賀状の差出口に入れると元日（1月1日）にとどきます。
※松の内（元日から1月7日）に相手へとどくようにおくろう。

手づくりの年賀状なら切手の下に赤い文字で「年賀」とかこう。あて名のかき方は30ページを見てね。

あて名の面

郵便はがき

123-4567

年賀

○○県△△市○○町
2-6-8

手紙楽子様

567-1234
○○県○市△△町
1-23-4
山野ねこ

こまの年賀状

三角や四角、半円を組み合わせるだけでできちゃうよ。いろいろな色でかこう！

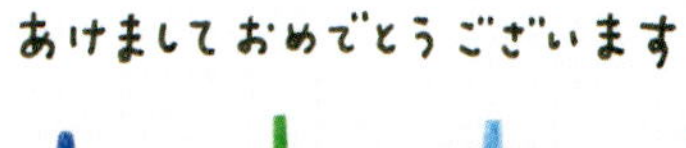

★1

白い丸シールにもようをかいてカードにはって上下に線をかけば、こまのできあがり。

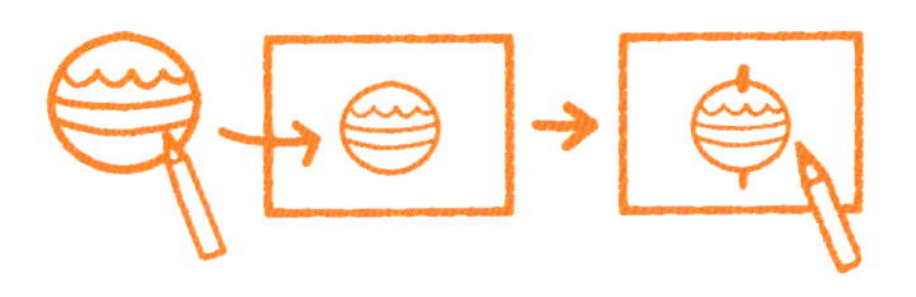

マスキングテープやおりがみを下に向かって短くなるように、はって作ります。

★1

すきな紙を三角や四角に切って作ろう。

こまは形をかえてかいても楽しいよ！

★1のかた紙は33ページ

富士山の年賀状

初夢に見るといいことがあると言われているよ。
てっぺんに雪の部分をわすれずにかこう。

★1

★1

青いカードに修正ペンで
かきます。太めの線で
くっきりかくとキレイ。

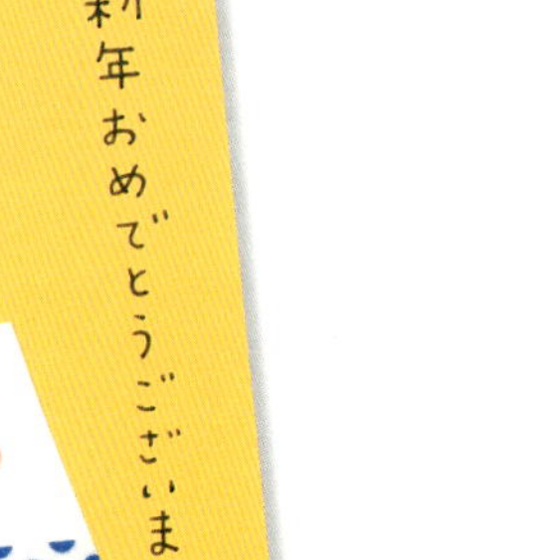

★1

上を白くのこして青や
水色のマスキングテープを
カードにならべてはり、
富士山の形に切ります。

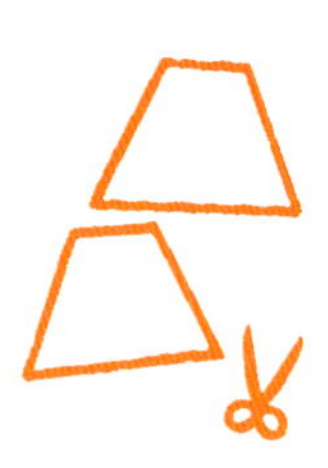

ミニ富士山をたくさん
作ってはろう。
雪はギザギザの
線で表します。

★1

★1 のかた紙は 33ページ

十二支の年賀状

目・耳・鼻などのパーツだけでかいてみよう。
動物のとくちょうを目立たせることがポイントだよ。

すべて★1

十二支はその年の干支（昔のこよみなどに使った12種類の動物）のことです。

★1のかた紙は33ページ

たんじょう日に手紙をおくろう

たんじょう日は
その人が生まれた日。

手づくりのカードも
ステキなおくりものになります。

1年に1度の
その人だけのきねん日に
心をこめて作ったカードで
おめでとうの気持ちをつたえよう。

★1+★2

★1、2のかた紙は33ページ

プレゼントのカード

四角いカードをプレゼントの箱のように
リボンやもようでかざってみよう。

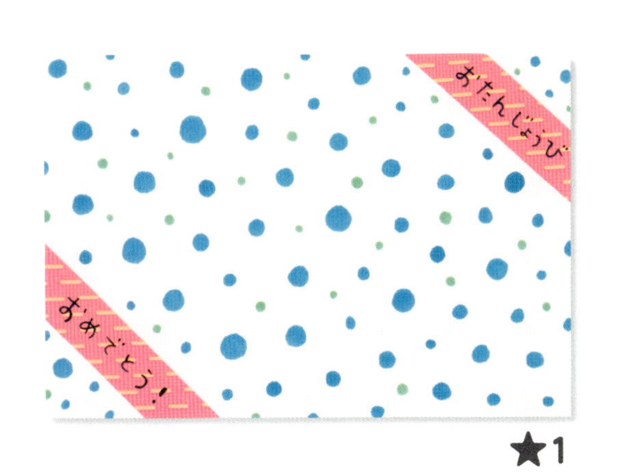

★1

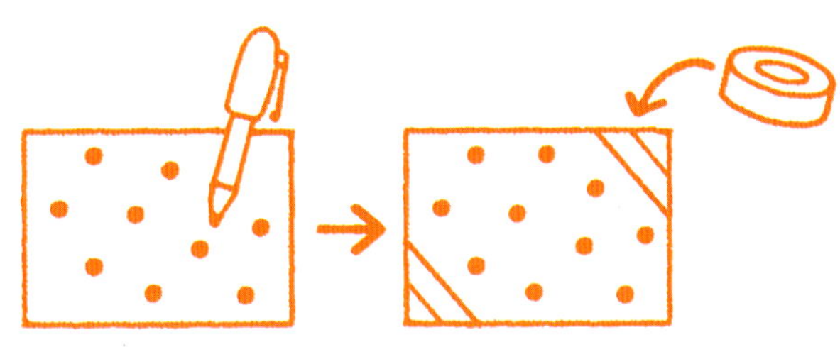

もようをかいてから対角線上の２か所に
マスキングテープをななめにはります。

花形のかざりは
下に切りこみを入れたパーツを
組み合わせて作ります。

★1＋★5

★1

毛糸を十字にかけて
ちょうむすびをします。

花と細長い四角を組み合わせれば
ごうかなリボンかざりのできあがり！
メッセージはうら面にかきます。

★1＋★3＋★4

★ 1、3 ～ 5 のかた紙は 33ページ

ケーキのカード

思わず食べたくなるくらいおいしそうなデコレーションケーキを作ろう。

クリームの白と
いちごの赤でかざると
ショートケーキみたい！

★6

★6＋★7

マスキングテープを
紙にはって切り、
火の形に切ったピンクの紙を
はるとロウソクに。

★6

ケーキの色をかえるなら
ピンクや黄色、茶色にすると
おいしそうに見えます。

 ★6、7 のかた紙は 35ページ

数字のカード

カードをおくる人の年れいを大きくかいて
かざりをいっぱいつけてみよう。

★1

2けたの数字をかくときは
ちがう色やもようにすると
にぎやかになるよ。

★1

6・8・9・0は円の中に顔をかくと
かわいい。にがお絵でもステキ!

★1

数字を目立たせたいときには
かこむようにもようをかいてみよう。

もようをかく
練習をしてみよう!

★1のかた紙は33ページ

ネックレスのカード

おくる相手の首にかけてあげると、手でわたすよりもちょっぴりとくべつな気分になるよ。

大きさのちがう丸い紙を２つ重ねるとメダルみたい！

丸い紙に三角の切りこみをいれると花のような形になるよ。ひもとメダルはマスキングテープでつなぎます。

１円玉くらいの丸いパーツをたくさん作ってひと文字ずつかいてつなげます。両はしにリボンやひもをつけてできあがり。

2章

ありがとうをつたえる手紙

リボンのカード

シンプルだけどおしゃれなカード。うらに安全ピンをつけてちょうネクタイにしてもかっこいい！

メッセージをかいた四角いパーツを真ん中にはってもおもしろい。

真ん中にマッチのような形をのせるとちょうちょに変身！

母の日は５月の第２日曜日。カードでお母さんにかんしゃの気持ちをつたえてもいいね。カーネーションをプレゼントするときにカードをそえてみよう。

★８〜10のかた紙は35ページ

バッグのカード

持ち手とバッグ本体を組み合わせて作ります。
布やフェルトでも作ってみよう。

上半分だけ色をつけたり紙をはったりすると、ふたつきバッグ風のデザインに。

バッグ本体は厚紙にフェルトをはって作ります。
持ち手は木のビーズにひもを通します。バッグに空けた穴に通して、後ろをテープでとめてできあがり。

★ 11、12 のかた紙は 37ページ

うで時計のカード

丸い文字ばんとベルトを組み合わせれば、うで時計のできあがり！ メッセージはベルトや文字ばんのうらにかきましょう。

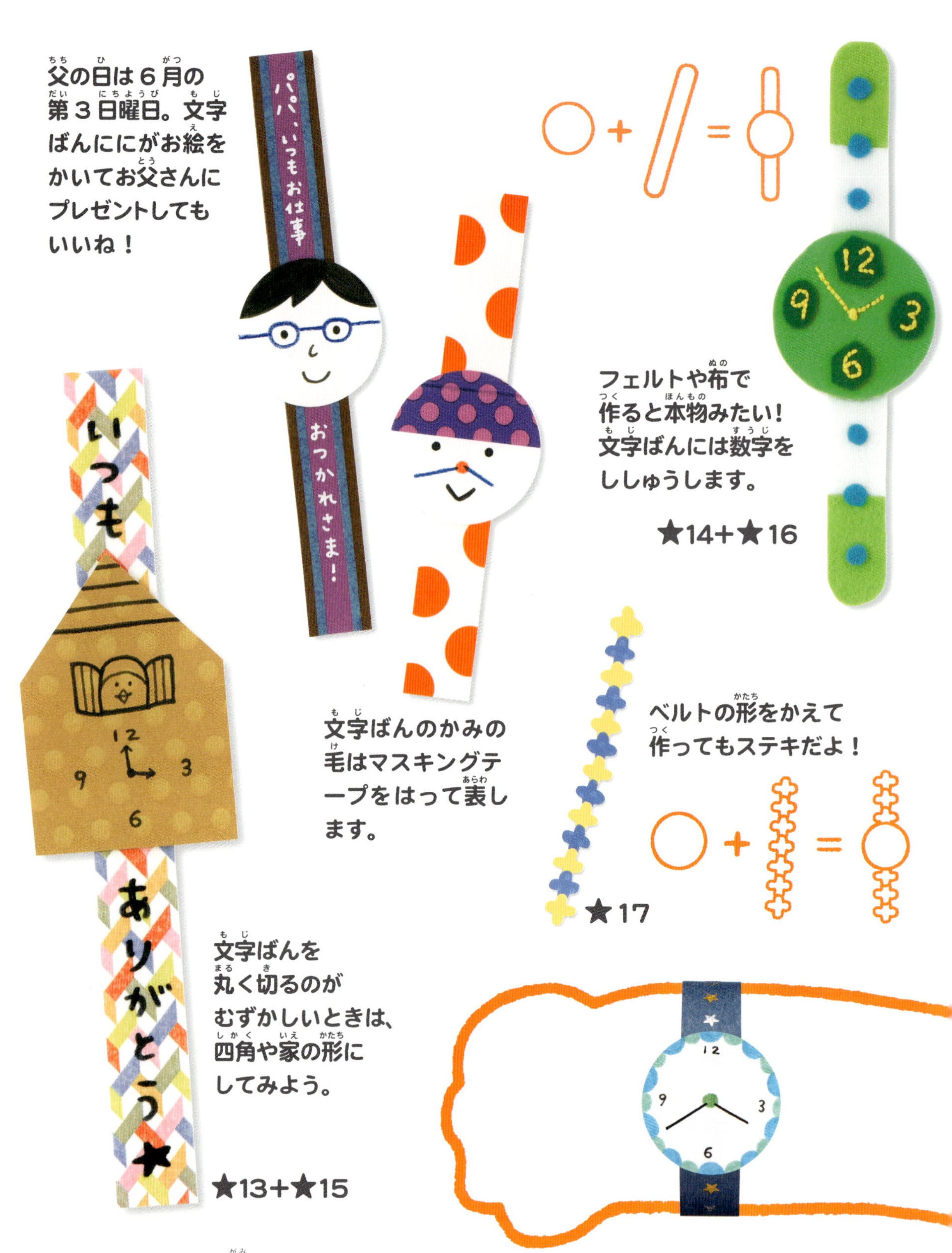

父の日は６月の第３日曜日。文字ばんににがお絵をかいてお父さんにプレゼントしてもいいね！

文字ばんのかみの毛はマスキングテープをはって表します。

フェルトや布で作ると本物みたい！ 文字ばんには数字をししゅうします。

★14+★16

ベルトの形をかえて作ってもステキだよ！

★17

文字ばんを丸く切るのがむずかしいときは、四角や家の形にしてみよう。

★13+★15

 ★ 13～17のかた紙は 37ページ

シャツのカード

えりやボタンをかいて、カードをステキなシャツに変身させよう。

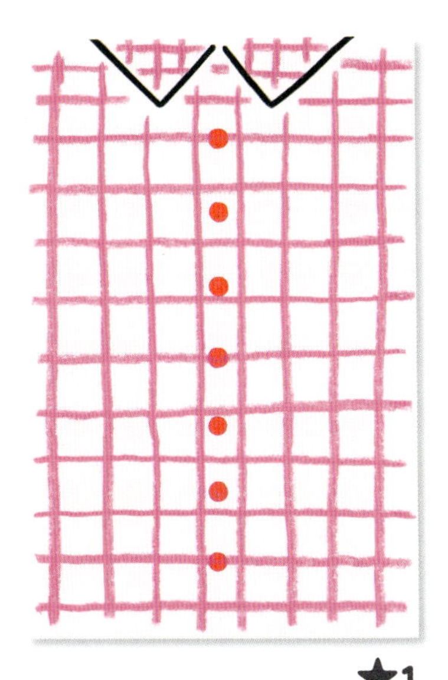

★1

あの人はどんなシャツを着ているかな？
思いうかべてかいてみよう。

★1+★18+★19

えりとボタンの形に切った紙をカードにはります。短いメッセージならボタンにひと文字ずつかいてみよう。

★1+★20

おりがみをネクタイの形に切ってぺたり。むすび目の下に線を引くと本物みたい！

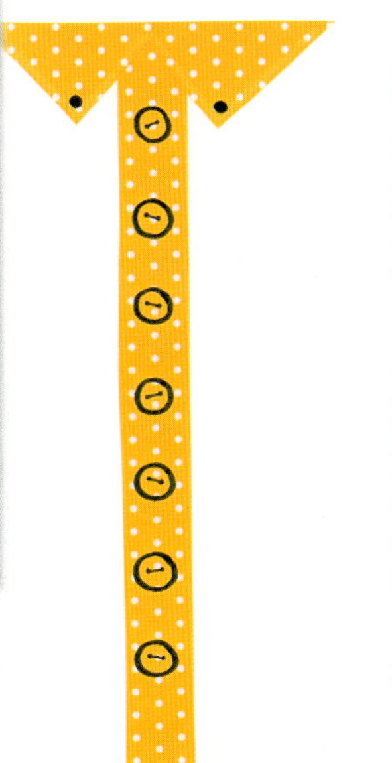

★1

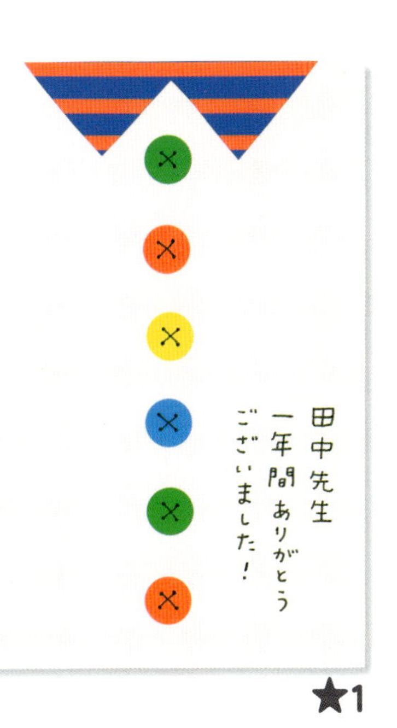

★1

白いカードに、もようのついたえりやカラフルなボタンをつけてもおしゃれ。

★ 1、18～20のかた紙は33、39ページ

花たばのカード

手づくりのカードなら、1年中いつでもステキな花たばがおくれます。

★1

花たばのつつみ紙はおりがみなどを切って作ります。リボンもわすれずにかいておこう。

★1＋★22

色や大きさのちがう丸シールに花をかいてはると、カラフルな花たばのできあがり！

★1＋★21

★1

細いリボンをちょうむすびにして、のりではるとかわいいアクセントに。

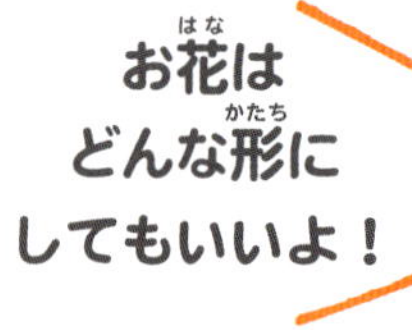

お花はどんな形にしてもいいよ！

 ★1、21、22のかた紙は33、39ページ

写真立てのカード

2枚のカードで写真をはさんで作ります。
写真立てのようにかざることができるよ。

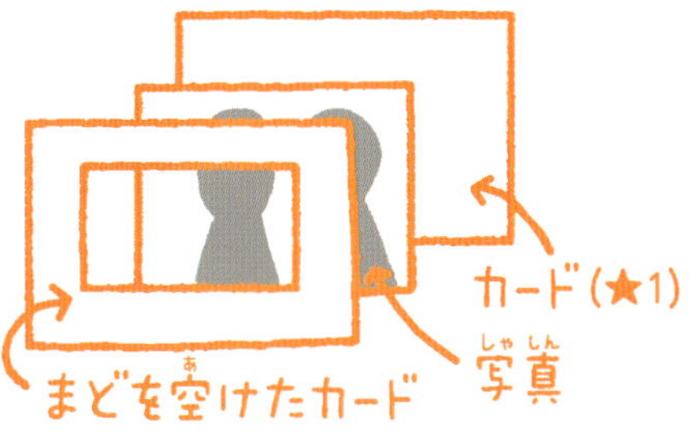

敬老の日は9月の第3月曜日。
お年寄りの長寿をいわって
健康をねがいます。
おじいちゃん、おばあちゃんに
おくるカードにしてもいいね。

★27+★28+★1

★25+★26+★1

厚紙にすきまなく
マスキングテープをはってから、
まどを切りぬきます。

まどのまわりを白くのこして
でこぼこに色をぬると
写真がまるで切手のような
デザインに。

★ 1、25 ～ 28 のかた紙は 33、41ページ

ありがとうカード

プレゼントやおみまいのお礼に
心をこめてありがとうをつたえよう。

★1

「ありがとう」をひと文字ずつ
紙にかいてはります。
色や形をかえると
楽しいカードに。

食べ物のお礼はいただいた
ものを絵にしておくろう。
メッセージは絵のまわりに
かきこみます。

★1

おくる人はなにがすきかな？
すきなものと「ありがとう」の
ことばを組み合わせてみよう。

★1+★23+★24

 ★ 1、23、24 のかた紙は 33、39 ページ

3章

きせつの手紙・イベントの手紙

バレンタインデーのカード

大切な気持ちはハートの形でつたえよう。赤などのあたたかい色で作るのがおすすめです。

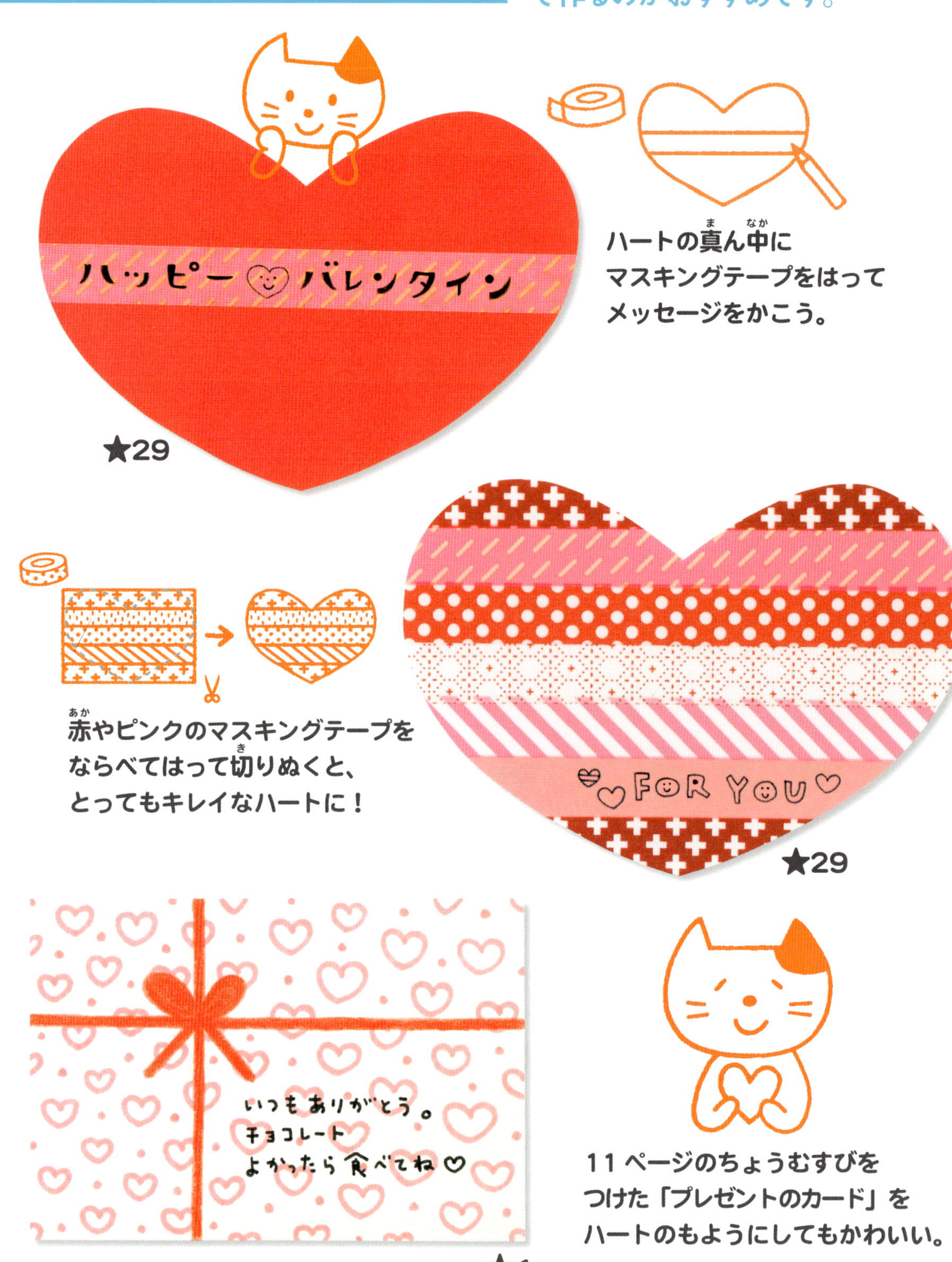

ハートの真ん中に
マスキングテープをはって
メッセージをかこう。

赤やピンクのマスキングテープを
ならべてはって切りぬくと、
とってもキレイなハートに！

11ページのちょうむすびを
つけた「プレゼントのカード」を
ハートのもようにしてもかわいい。

バレンタインデーは2月14日。
大切な人にチョコレートをおくったり思いをつたえます。

 ★1、29のかた紙は33、43ページ

暑中みまい・残暑みまい

友だちや先生、親せきに夏のあいさつや夏休みの出来事をかいておくってみよう。

カードのふちに
穴空けパンチで半円を空けると
アクセントになります。

★1

★1+★30+★32

白いソフトクリームは色つきの
カードにはるとおいしそう！

★1+★31+
★33+★34

アイスクリームは
下をなみなみに切ると
少しとけた感じが出るよ。

暑中みまいは梅雨明けから立秋（8月7日ごろ）の間、
残暑みまいは立秋すぎから夏の終わりまでにとどくようにおくる手紙です。

★ 1、30～34のかた紙は 33、43ページ

ハロウィーンのカード

かぼちゃやコウモリの形で
作るのがおすすめ。
いろいろな顔をかいてみよう。

カードを大きく作って目や鼻、
口をくりぬけば、お面になるよ。

メッセージはうら面にかきます。

黒やむらさき色には金や
白のもようが目立つよ。

ハロウィーンは 10月31日の行事。悪霊ばらいのために仮装をしたり、
かぼちゃのちょうちんをかざります。コウモリは魔女の使いだと言われています。

 ★35、36のかた紙は45ページ

クリスマスツリーのカード

モミの木形に切ったカードにかざりつけをしよう。１色でも、カラフルにしてもステキだよ。

緑色のカードには
白いペンでもようをかこう。
星だけをかいてもキレイだよ。

★37+★38

葉っぱ形に切った紙を
カードにはってツリー形に
切ります。すける紙だと
もっとかっこいい。

短い線をたくさん
かくように色をつけると
モミの木らしくなります。
メッセージはうら面にかきます。

クリスマスは 12 月25日のイエス・キリストのたんじょうをいわう日。
家の中をかざったり、さんびかを歌ったりしていわいます。

★ 37、38 のかた紙は 47ページ

くつしたのカード

しましまや水玉、毛糸であんだような
あみこみもよう。にぎやかにかざってみよう！

★39

はばの広い
マスキングテープを使うと
広い部分もキレイにはれるよ。

★39+★40

メリー
クリスマス！
冬休み明けに
会おうね！
ゆき

メッセージは
うら面に
かきます。

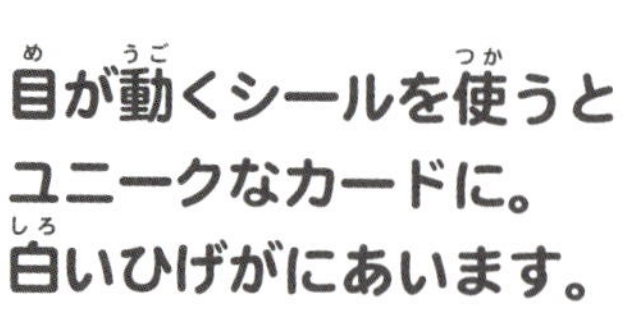

目が動くシールを使うと
ユニークなカードに。
白いひげがにあいます。

★39+★41+★42

★39

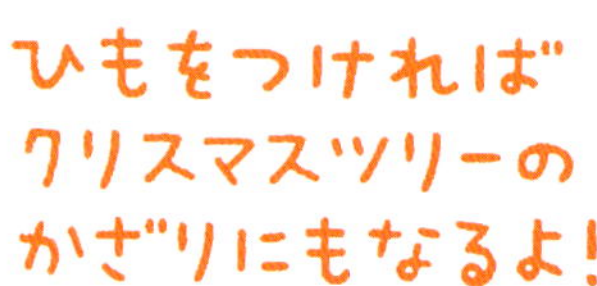

プレゼントがいっぱい入りそうな
長ーいくつしたも作ってみよう。
丸シールをはると水玉もようのできあがり。

ひもをつければ
クリスマスツリーの
かざりにもなるよ！

 ★39～42のかた紙は47ページ

4章

手紙のおくり方

はがきでおくるには

あて名のかき方

手紙の文がたて書きのとき

手紙の文がよこ書きのとき

❶ **住所**　たて書きで住所をかくときは漢数字（二、三、四など）を、よこ書きの住所は算用数字（2、3、4など）を使います。

❷ **あて名**　住所より少し大きめにかいて「様」をつけます。

❸ **郵便番号**　算用数字（2、3、4など）でかきます。わくがないときは住所の上にかきます。

❹ **切手**　切手は左上にはります。

❺ **自分の住所、名前、郵便番号**
自分の住所と名前は小さめに。

❻ 手づくりのはがきは郵便番号の上に「郵便はがき」や「POST CARD」とかきます。

はがきをよこ長にして使うときには、切手は右上にはります。

切手をはるときは

定形サイズは52円でおくれます（2016年7月現在）。
それ以外は「定形外郵便」になり、
切手の料金がかわるので注意しよう。たとえば…

重いもの、大きいもの、四角くないものなどは定形外郵便です。

定形サイズ

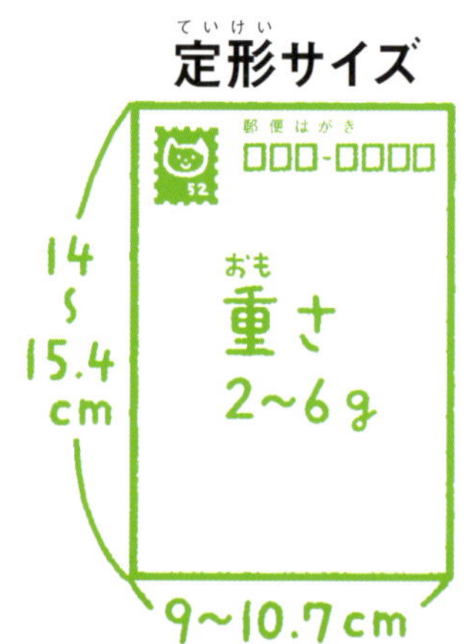

封筒でおくるには

あて名のかき方

封筒は自分の住所と名前をうらにかきます。

和封筒

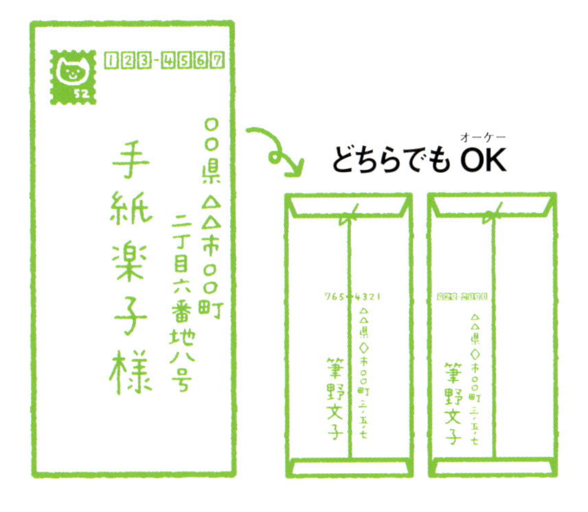

洋封筒

形に凹凸のあるカードや、ビーズやリボンなどがついているカードは封筒に入れておくると安心です。

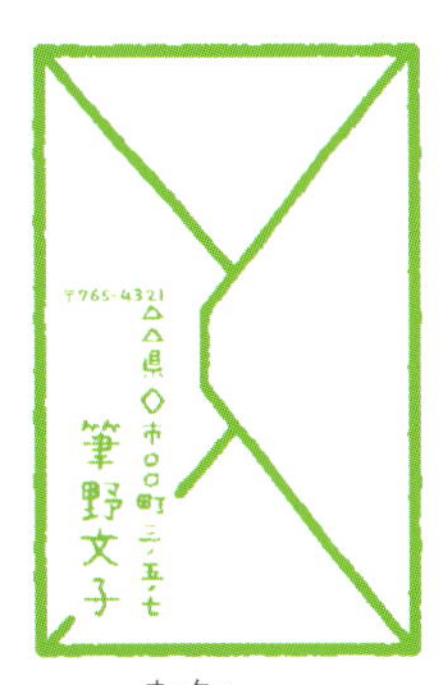

たてに使っても OK

切手をはるときは

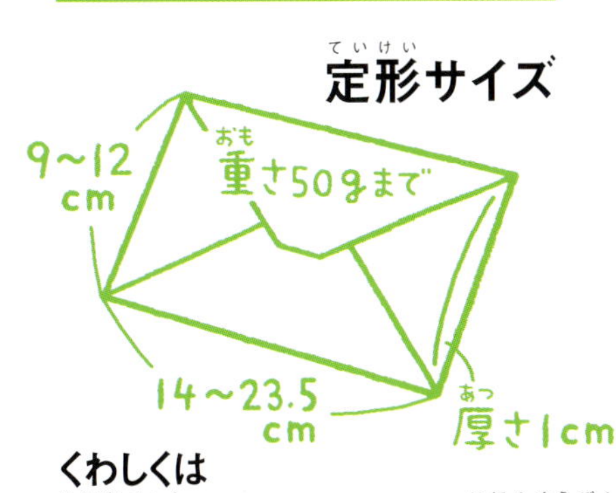

定形サイズは 82 円でおくれます（2016年7月現在）。
それ以外は「定形外郵便」になり、
切手の料金がかわるので注意しよう。

くわしくは
郵便局でしつもんをするか日本郵便のホームページで調べてね。
http://www.post.japanpost.jp/

かた紙ページの使い方

33～48ページは、この本でしょうかいしたカードのかた紙です。
使い方は２通りあります。

1 切りぬいて、そのままはがき・カードとして使う

線の内がわを切りぬいて絵やメッセージをかけばできあがり！ポストに入れておくるなら切手もわすれずにね。

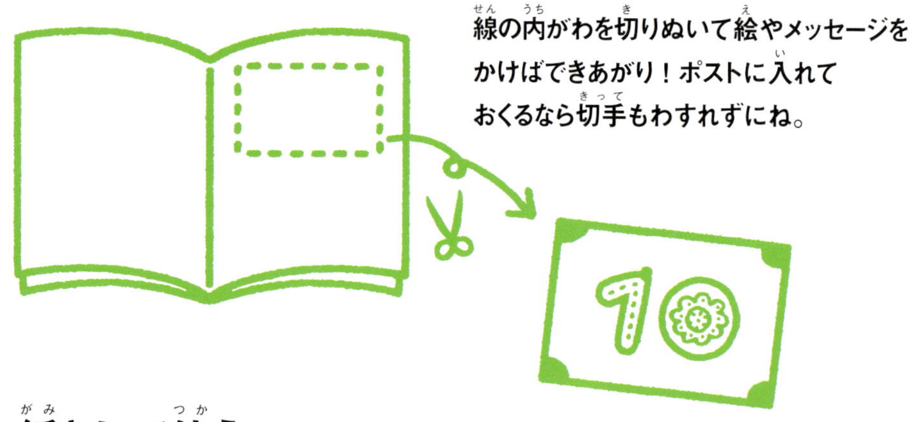

2 かた紙として使う

すきな厚紙の上に切りぬいたかた紙をおいてなぞって切ろう！かた紙として使えば、いろいろな紙でたくさんカードが作れるよ。

なぞった線の内がわを切ると、下書きの線がのこらないのでキレイなカードができます。

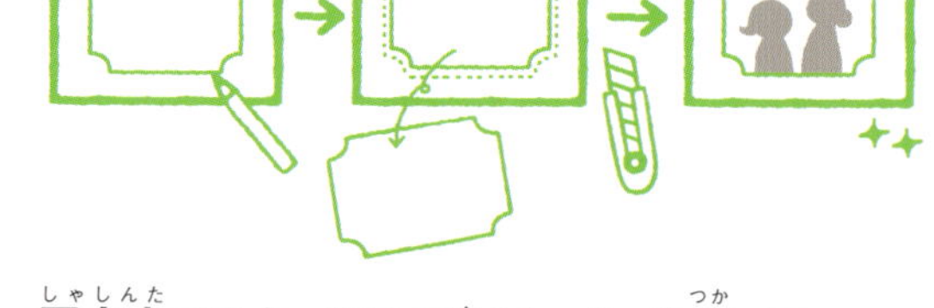

写真立てのカードのまどはカッターを使って、下書きの線の外がわを切ろう。

実物大かた紙

はがきのかた紙（14.8×10cm）　この本の長方形のカードは、この大きさで作っています。

★1

10、11ページ　プレゼントのカード

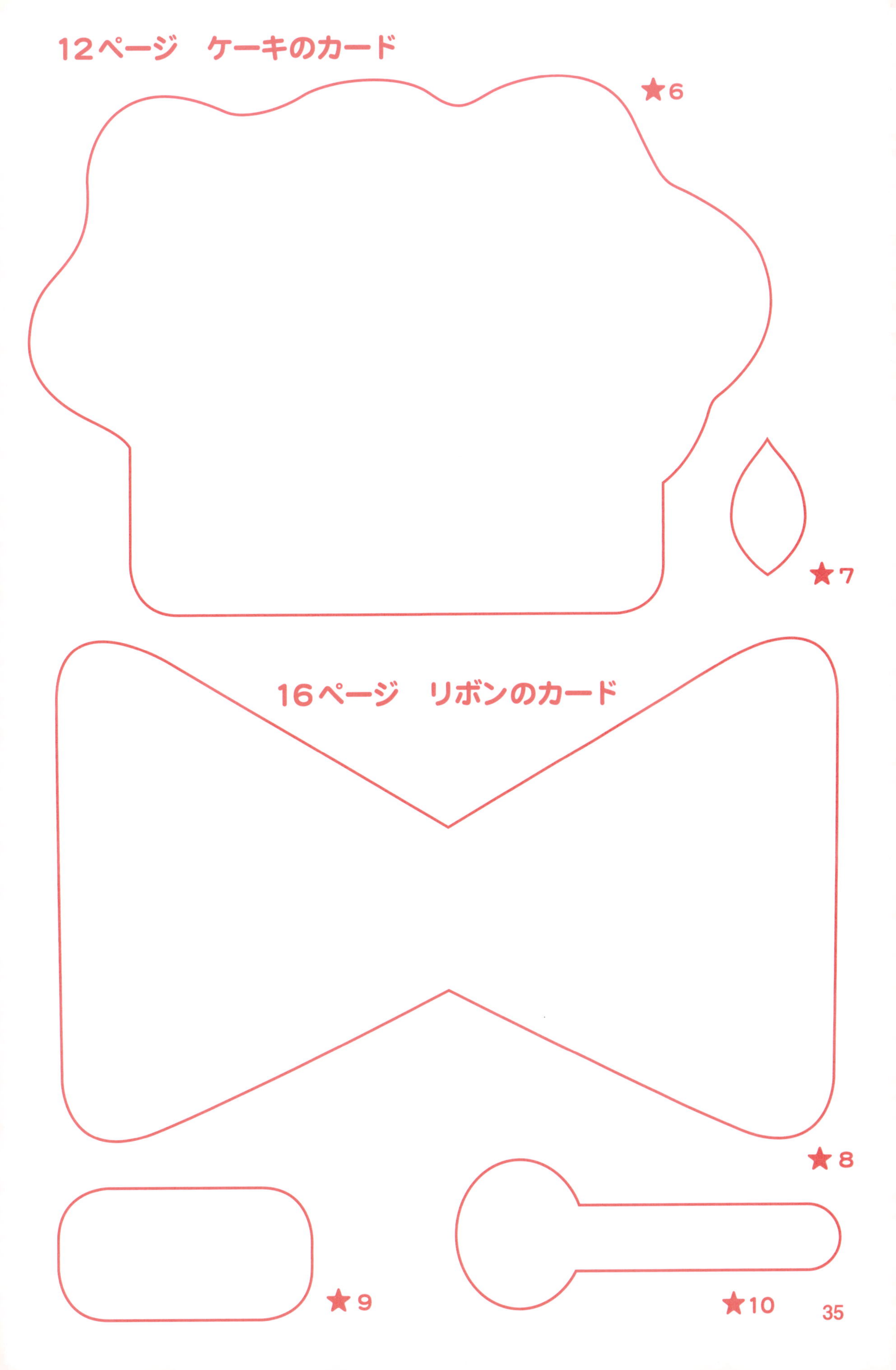
12ページ　ケーキのカード
★6
★7
16ページ　リボンのカード
★8
★9
★10

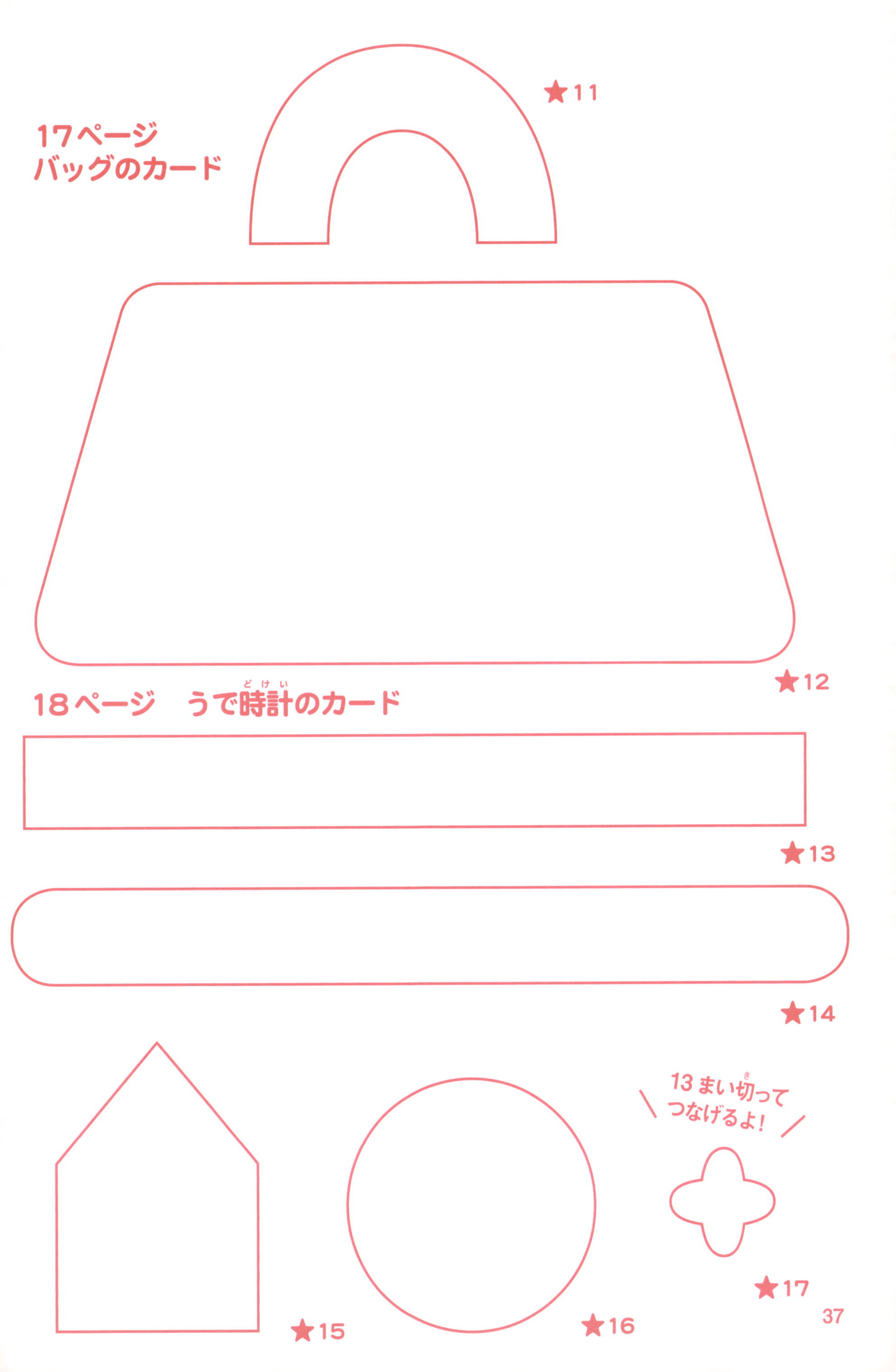
17ページ
バッグのカード
★11
★12
18ページ　うで時計のカード
★13
★14
13まい切って
つなげるよ！
★15
★16
★17

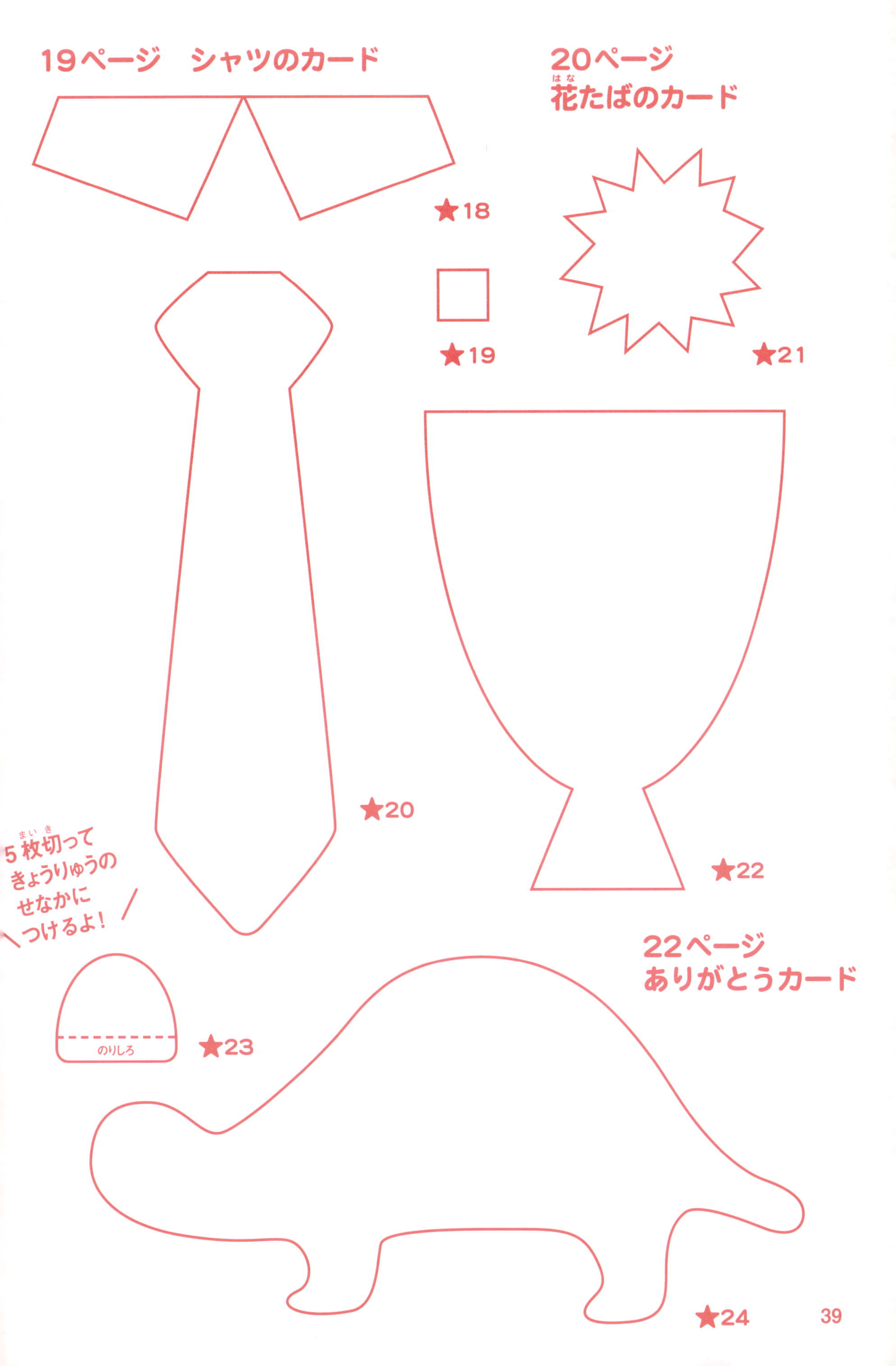

19ページ　シャツのカード
★18
★19
★20
20ページ
花たばのカード
★21
★22
5枚切って
きょうりゅうの
せなかに
つけるよ！
のりしろ
★23
22ページ
ありがとうカード
★24

21ページ　写真立てのカード

★25

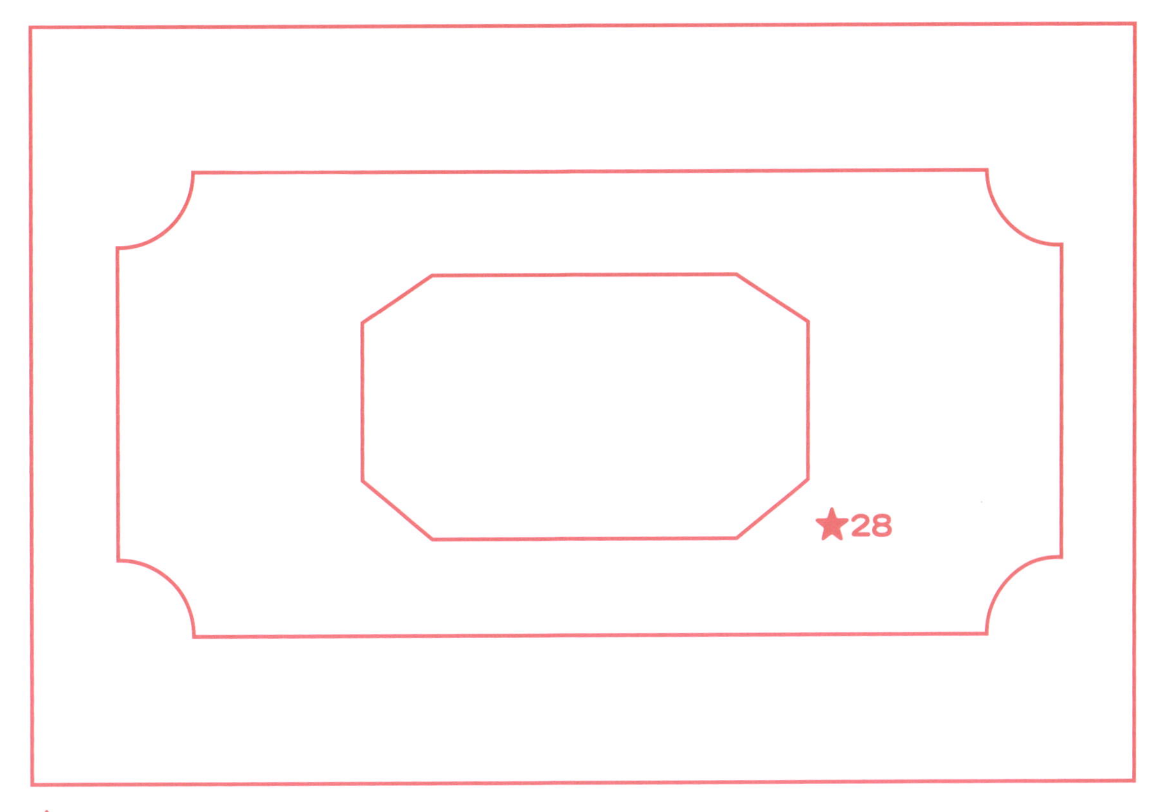

★27

24ページ　バレンタインデーのカード

25ページ
暑中みまい・残暑みまい

26ページ　ハロウィーンのカード

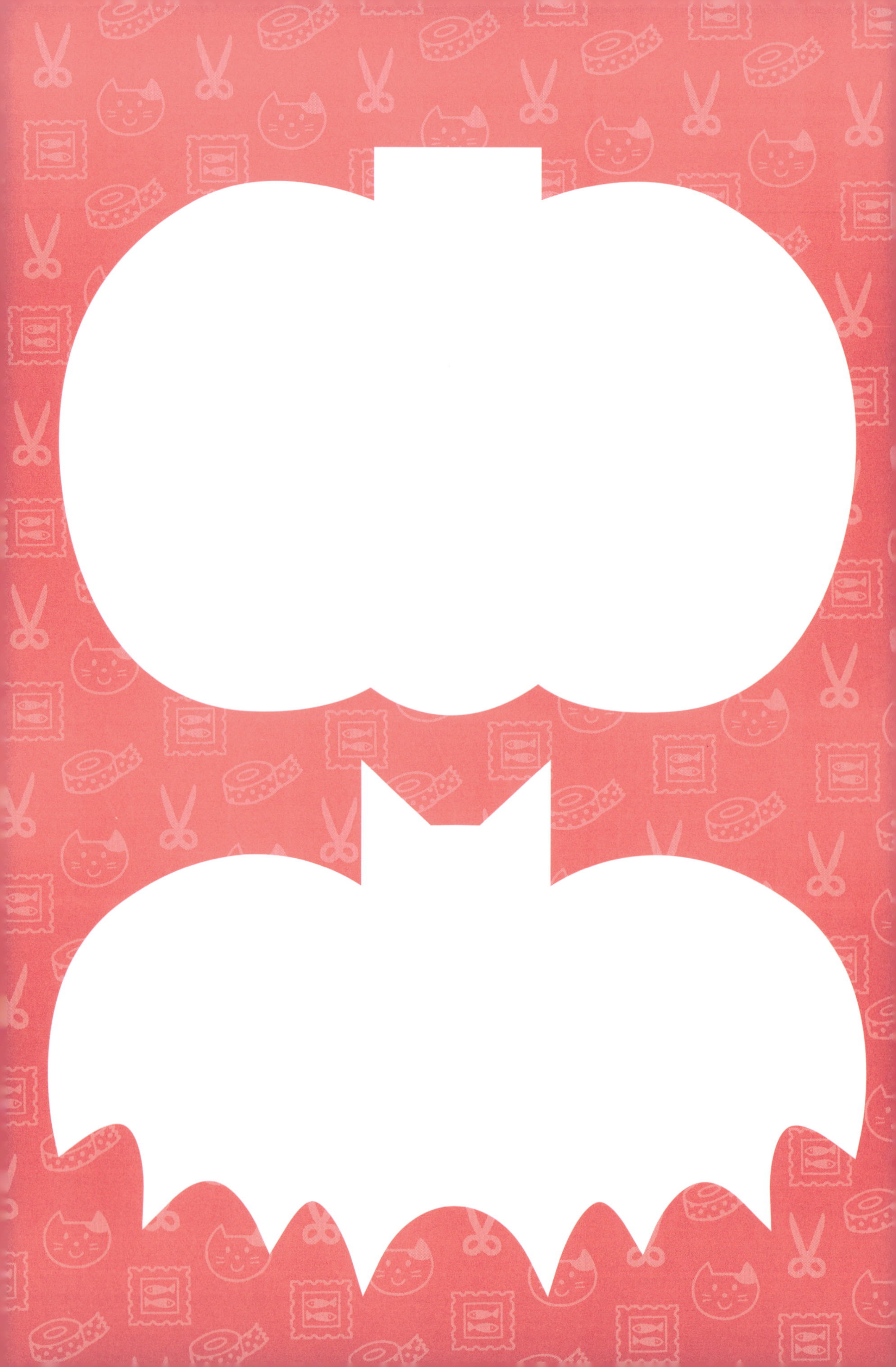

27ページ　クリスマスツリーのカード

28ページ　くつしたのカード

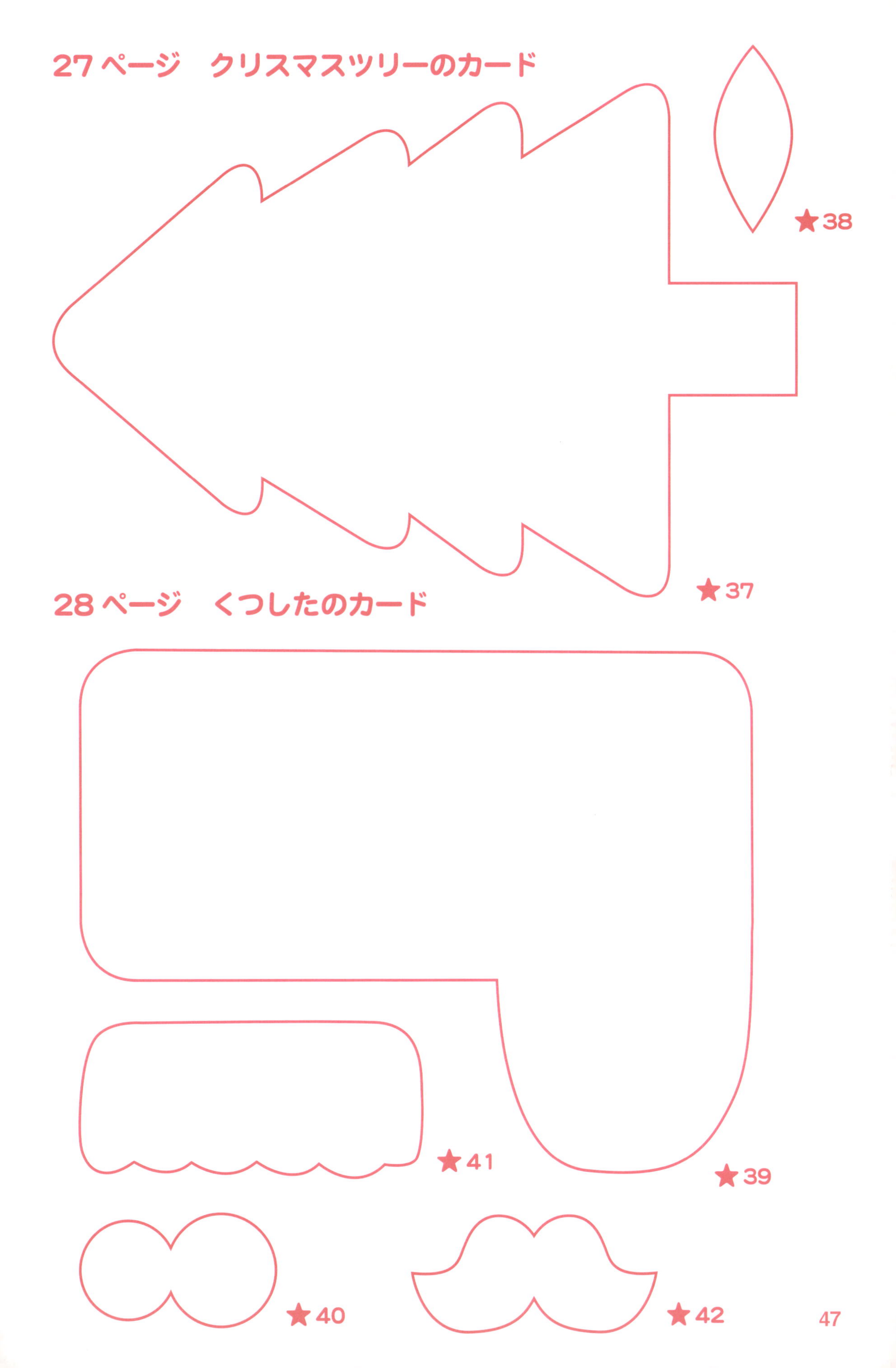